Italienisch – jetzt in Comics

*Ihre erworbenen Sprachkenntnisse können Sie mit folgenden Titeln aus unserem Programm gezielt ausbauen:*

*Vier Titel dieser Liste gibt es auch als Sprachkurse mit Audiocassetten, nämlich:*

# Italienisch – jetzt in Comics

Von Diethard Lübke
mit Zeichnungen von Theo Scherling

humboldt-taschenbuch 580

Umschlaggestaltung: Christa Manner, München
Umschlagzeichnung: Theo Scherling, München
Zeichnungen im Innenteil: Theo Scherling, München

*Wichtiger Hinweis für den Leser:*
Bewußt wollen wir Sie in diesem allerersten Grundkurs noch nicht
mit grammatischem Spezialwissen belasten.
Auch haben wir versucht, die Lautschrift – Sie finden sie in den
Lektionen mit Grauraster unterlegt – auf die einfachste Schreib-
weise zurückzuführen. Fett gedruckte Silben werden betont.
Sie lernen unter anderem auch dadurch, daß Sie die Sprechblasen
selbst mit italienischen Sätzen ausfüllen. Jeder Strich bedeutet einen
Buchstaben. Wir haben es Ihnen in den ersten beiden Sprechbla-
senbildern einmal vorgemacht.
Um Ihnen zu helfen, haben wir oft die deutschen Texte dem *italie-
nischen Satzbau angeglichen.* Das Deutsche klingt dadurch manch-
mal etwas unbeholfen, ist aber bewußt so formuliert!
Die verschiedenen eingestreuten Reiseinformationen wurden von
Autor und Verlag sorgfältig überprüft. Eine Gewähr kann jedoch
nicht übernommen werden.

© 1988 by Humboldt-Taschenbuchverlag Jacobi KG, München
Druck: Presse-Druck Augsburg
Printed in Germany
ISBN 3-581-66580-8

# Inhalt

# Buon giorno,

ich freue mich, daß Sie anfangen wollen, Italienisch zu lernen und beabsichtigen, in unser **bella Italia** zu kommen.

Viele Touristen aus **Germania, Austria** und **Svizzera** kommen jedes Jahr zu uns, weil sie lieben **il vino, il sole, l'arte** und vieles andere.

Wenn Sie **un poco** Italienisch können, hilft Ihnen das sehr, Ihre Wünsche in typischen Situationen zu sagen – und Sie zeigen uns, daß Sie uns mögen: Ihre Versuche, Italienisch zu sprechen, werden Ihnen überall Sympathie einbringen.

Dieser unterhaltsame und informative Einstieg in die Sprache verlangt von Ihnen nicht, daß Sie Vokabeln »pauken« und Grammatik »büffeln« wie in der Schule.

Er bereitet Sie nicht auf einen Test vor, sondern will Ihnen – bei geringen Anforderungen – einfach nur mehr Urlaubsfreude vermitteln. Machen Sie es sich bequem, nehmen Sie einen Bleistift zur Hand. Sie werden sehen: Italienisch zu lernen kann sehr lustig sein, kann viel Spaß machen.

Damit Sie schnell in Übung kommen, haben wir Sprechblasen zum Ausfüllen vorbereitet. Jeder Strich bedeutet einen Buchstaben.

Und hier schreibe ich Ihnen ein paar wichtige Wörter gleich auf. In den eckigen Klammern steht die Aussprache.

| | | |
|---|---|---|
| **Buon giorno** | [buon d*sch*orno] | *Guten Tag* |
| **per favore** | [per fa*wo*re] | *bitte, ...* |
| **grazie** | [gratsje] | *danke* |
| **sì** | [ßi] | *ja* |
| **no** | [no] | *nein* |

| Aussprache: | | |
|---|---|---|
| makina*) | **la macchina** | *das Auto* |
| ßuper | **super** | *Superbenzin* |
| ßäntsa pjombo | **senza piombo** | *bleifrei* |
| kuanto | **quanto?** | *wieviel?* |
| pjäno | **il pieno** | *voll* |
| dogaña | **dogana** | *Zoll* |
| alt | **ALT** | *HALT* |
| stazjone | **la stazione** | *die Station* |
| pedad*sch*o | **pedaggio** | *die Mautstelle* |
| pjod*sch*a | **la pioggia** | *der Regen* |
| d*sch*älo | **il gelo** | *das Glatteis* |
| | **CON PIOGGIA** | *BEI REGEN* |
| | **O GELO** | *ODER GLATT-EIS* |
| buon d*sch*orno | **buon giorno** | *guten Tag* |
| per fawore | **per favore** | *bitte* |
| lira | **la lira** | *die Lira* |
| wentimila lire | **ventimila lire** | *20 000 Lire* |

## Geschlecht der Hauptwörter

Italienische Hauptwörter sind männlich (**il**) oder weiblich (**la**).

## Mehrzahl der Hauptwörter

Hauptwörter auf -o, -e haben in der Mehrzahl die Endung -**i**, Hauptwörter auf a haben in der Mehrzahl die Endung -**e**.

## Autobahngebühren

Auf italienischen Autobahnen wird eine Straßenbenutzungsgebühr (**pedaggio**) erhoben. Bei der kleinsten Wagenklasse beträgt sie etwa 0,07 DM pro Kilometer.

## Höchstgeschwindigkeiten

In Ortschaften darf generell 50 km/h, auf Landstraßen 90 km/h gefahren werden. Auf Autobahnen und Schnellstraßen wird die Geschwindigkeit unterschiedlich geregelt. Normalerweise gilt Tempo 130 km/h; an Wochenenden, Feiertagen und in Ferienzeiten ist das Tempo auf 110 km/h limitiert.

---

*) Der fett gedruckte Vokal wird betont. Ein kursives »sch« bedeutet einen stimmhaften sch-Laut.

# 1 Auto

Die Reise von Frankfurt nach Rom?

Frankfurt

—————, —————, —————, —————,

—————, —————, —————.

| | | |
|---|---|---|
| kamera | la camera | das Zimmer |
| a una kamera libera | ha una camera libera? | haben Sie ein freies Zimmer? |
| una doppja | una doppia | ein Doppelzimmer |
| la prändo | la prendo | ich nehme es (= es nehme) |
| kuanto kosta | quanto costa ... | wieviel kostet ... |
| tschäntomila | centomila | 100000 |
| dschorno | il giorno | der Tag |
| per tschinkue dschorni | per cinque giorni | für 5 Tage |
| tempo | il tempo | die Zeit |
| per kuanto tämpo | per quanto tempo? | für wie lange? |
| buona sera | buona sera | guten Abend |
| ßinjore | signore | Herr |
| ßinjora | signora | Dame |
| bäne | bene | gut |
| ßi | sì | ja |

## Signor(e)

**Signore** steht allein, **signor** vor Namen, zum Beispiel: Signor Ponti.

## Hotelverzeichnis

Die Hotels sind in 5 Klassen eingeteilt. Von vielen Städten, Regionen und Provinzen gibt es ein Hotelverzeichnis (**elenco degli alberghi**).

## Campingplätze

In Italien gibt es mehr als 1500 Campingplätze. Campen auf Privatgrundstücken ist nur mit Erlaubnis des Besitzers möglich.

---

*) In die ersten Bilder unserer 14 Lektionen brauchen Sie nichts einzutragen.

## 2 Hotel

15

| | | |
|---|---|---|
| ßala da prandzo | **la sala da pranzo** | *der Eßraum* |
| kafä | **il caffè** | *der Kaffee* |
| kafelatte | **il caffelatte** | *der Kaffee mit Milch* |
| tä | **il tè** | *der Tee* |
| ßukko | **il succo** | *der Saft* |
| ßuko d'arantscha | **il succo d'arancia** | *der Orangensaft* |
| panino | **il panino** | *das Brötchen* |
| panini | **i panini** | *die Brötchen* |
| konfettura | **la confettura** | *die Konfitüre* |
| burro | **il burro** | *die Butter* |
| dove | dove | *wo, wohin* |
| dowä | **dov'è…?** | *wo ist…?* |
| a dästra | **a destra** | *rechts* |
| äkko | ecco | *hier ist* |
| e | e | *und* |

## der/ein, die/eine

Männlich: **il succo / un succo**; weiblich: **la doppia / una doppia**.
Vor Vokal steht statt una nur **un'**.

# 3 Frühstück

_ _ _ _ , _ _ _ _ _ _ _ _ _ _ _ _ _ ?
Wo ist der Eßraum?

RECEPTION

_ _ _ _ _ _ _ , _ _ _ _ _ _ _ .
Rechts, meine Dame.

_ _ _ _ _ _ _ _ _ , _ _ _ _ _ _ _ .
Guten Tag, meine Dame.
_ _ _ _ _ , _ _ ?
Kaffee, Tee?

_ _ _ _ _ _ _ _ _ ,
Kaffee mit Milch,
_ _ _ _ _ _ _ .
bitte.

Vormittags
Besichtigung der Uffizien.
Nachmittags ...

| | | |
|---|---|---|
| pjanta | la pianta | der Plan |
| pjanta della tschitta | una pianta della città | ein Stadtplan |
| pjattsa | la piazza | der Platz |
| | | |
| autobus | un autobus | ein Autobus |
| prändere | prendere | nehmen |
| Läi puo prändere un autobus | Lei può prendere un autobus | Sie können nehmen einen Autobus |
| kuästo autobus | questo autobus | dieser Autobus |
| kuästo autobus wa a... | questo autobus va a... | dieser Autobus fährt nach... |
| | | |
| worräi | vorrei | ich möchte |
| gratsje | grazie | danke |
| mille gratsje | mille grazie | vielen Dank (= tausend Dank) |
| di njänte | di niente | keine Ursache |
| skusi | scusi | entschuldigen Sie |
| non lo ßo | non lo so | ich weiß es nicht |
| | | |
| galleria delji Uffitzi | la galleria degli Uffizi | die Galerie der Uffizien |
| biljetto | il biglietto | die Eintrittskarte |

## Museen

Viele Museen sind nur vormittags geöffnet. Montags haben die meisten geschlossen.

## Galerie der Uffizien

Mit mehr als 4000 Gemälden von Botticelli, Leonardo da Vinci, Raffael, Michelangelo, Tizian und anderen gehört dieses Museum zu den bedeutendsten der Welt.

# 4 Museum

# 4 Museum

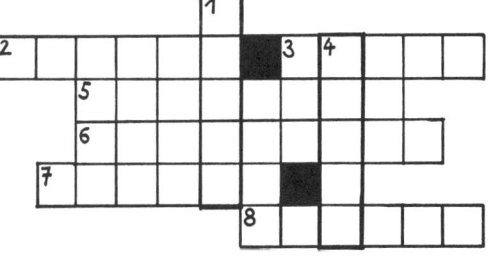

Ich möchte eine Eintrittskarte.

ENTRATA
CASSA

SERIE                                      N°

REPUBBLICA ITALIANA
MINISTERO PER I BENI CULTURALI E AMBIENTALI
UFFICIO CENTRALE PER I BENI AMBIENTALI,
ARCHITETTONICI, ARCHEOLOGICI, ARTISTICI E STORICI
BIGLIETTO D'INGRESSO
L. 1000

→
2 Ein Museum
3 Entschuldigen
   Sie
5 Galerie
6 Eintrittskarte
7 Ich möchte
8 Plan

↓
1 Tausend
4 Stadt

| | | |
|---|---|---|
| esprässo | un espresso | ein Espresso (starker Kaffee) |
| ßigaretta | una sigaretta | eine Zigarette |
| | | |
| odschi | oggi | heute |
| kaldo | caldo | heiß |
| fa molto kaldo | fa molto caldo | es ist sehr heiß (= macht sehr heiß) |
| | | |
| Italja | l'Italia | Italien |
| dschermanja | la Germania | Deutschland |
| tedesko | tedesco, tedesca | Deutscher, Deutsche |
| | | |
| ßono | sono | ich bin, sie sind |
| Frankoforte | di Francoforte | aus Frankfurt |
| anke | anche | auch |
| | | |
| mi piatsche | mi piace | mir gefällt |
| bällo | bello, bella | schön |
| | | |
| wino | il vino | der Wein |
| ßole | il sole | die Sonne |
| larte | l'arte | die Kunst |

---

*) Die »Venus von Urbino« ist ein berühmtes Gemälde von Tizian (um 1477–1576)

# 5 Ein Kaffee

**Deutschland ist schön.**

**Italien auch!**

**Mir gefällt Italien,**

**die Sonne, der Wein, die Kunst.**

**Eine Zigarette?**

**Tausend Dank.**

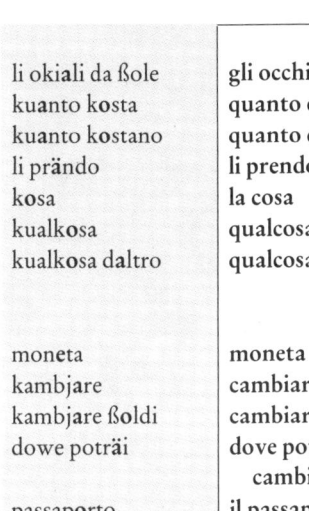

| | | |
|---|---|---|
| li okiali da ßole | **gli occhiali da sole** | *die Sonnenbrille* |
| kuanto kosta | **quanto costa...** | *wievel kostet...* |
| kuanto kostano | **quanto costano...** | *wieviel kosten...* |
| li prändo | **li prendo** | *ich nehme si...* |
| kosa | **la cosa** | *die Sache* |
| kualkosa | **qualcosa** | *etwas* |
| kualkosa daltro | **qualcosa d'altro** | *noch etwas* |
| | | *(= etwas anderes)* |
| | | |
| moneta | **moneta** | *Währung* |
| kambjare | **cambiare** | *wechseln* |
| kambjare ßoldi | **cambiare soldi** | *Geld wechseln* |
| dowe poträi | **dove potrei cambiare?** | *wo könnte ich wechseln?* |
| | | |
| passaporto | **il passaporto** | *der Paß* |
| ßuo passaporto | **il suo passaporto** | *Ihr Paß* |
| | | *(= der Ihre Paß)* |
| | | |
| tretschänto | **trecento** | *dreihundert* |
| tretschänto marki | **trecento marchi** | *dreihundert Mark* |
| tschinkuantamila | **cinquantamila** | *fünfzigtausend* |
| duetschäntomila | **duecentomila** | *zweihunderttausend* |
| | | |
| la | **là** | *dort* |
| no | **no** | *nein* |

## der, die

Die Geschlechtswörter (Artikel) sind

*Einzahl:* männlich: **il, l'** (vor Vokal), **lo** (vor s + Konsonant);
weiblich: **la, l'** (vor Vokal);

*Mehrzahl:* männlich: **i, gli** (vor Vokal und vor s + Konsonant);
weiblich: **le**.

## Banken

Sie haben montags bis freitags von 8.30–12.30 Uhr geöffnet und nachmittags eine Stunde.

# 6 Geldwechsel

_____ _____

Wieviel kostet

___ _____ __ ___?

die Sonnenbrille?

_____

____.

50 000 Lire.

____. __ _____.

Gut. Die nehme ich.

_____ , _____ .
Noch etwas?

__ , _____ .
Nein, danke.

____ _____
Wo könnte ich
_____
wechseln
_____ ?
Geld?

__ _____ __ ____
Die »Banco di Roma«
_ __ .
ist dort.

# 6 Geldwechsel

BANCA

____ _____, _____.

Guten Tag, mein Herr.

_____ _____

Ich möchte wechseln

_____ _____

300 Mark.

Cassa 1

__ ___ _____, ___

_____. ____ _____ ___.

Ihren Paß, bitte. Es sind 200 000 Lire.

→
7 Ausweis

↓ 1 Sache
2 Italienisches Geld
3 Geldinstitut
4 Wechsel
5 Währung
6 Ich möchte

| | | |
|---|---|---|
| kartolina | la cartolina | *die Postkarte* |
| kuäste kartoline | queste cartoline | *diese Postkarten* |
| frankobollo | il francobollo | *die Briefmarke* |
| tschinkue frankobolli | cinque francobolli | *fünf Briefmarken* |
| dschermanja | per la Germania | *nach Deutschland* |
| posta | la posta | *das Postamt* |
| | | |
| duemila | duemila | *zweitausend* |
| tretschänto | trecento | *dreihundert* |

## Briefkästen

Achten Sie auf die Aufschriften »PER LA CITTÀ« (= in diese Stadt), »PER TUTTE L'E ALTRE DESTINAZIONI« (= in alle anderen Richtungen).

## Briefmarken

Sie können Briefmarken auf der Post oder im Tabakladen (**tabacchi**) kaufen.

# 7 Postkarten

_ _ _ _ _ _  _ _ _ _ _ _
Ich möchte diese

_ _ _ _ _ _ _ _ _, _ _ _ _ _ _ _ _.
Postkarten, bitte.

_ _ _ _ _ _ _ _ _ _.
2000 Lire.

_ _ _ _ _ _
Haben Sie auch

_ _ _ _ _ _ _ _ _ _?
Briefmarken?

_ _, _ _ _ _ _ _ _,
Nein, meine Dame,

_ _ _ _ _ _
das Postamt

_ _ _.
ist dort.

# Cartoline 7

| | | |
|---|---|---|
| dschelato | **un gelato** | *ein Eis* |
| wanilja | **vaniglia** | *Vanille* |
| tschokkolata | **cioccolata** | *Schoko* |
| fragole | **fragole** | *Erdbeer* |
| | | |
| pedalo | **un pedalò** | *ein Tretboot* |
| ombrellone | **un ombrellone** | *ein Sonnenschirm* |
| latte ßolare | **il latte solare** | *die Sonnenmilch* |
| | | |
| lora | **l'ora** | *die Stunde, pro Stunde* |
| karo | **caro** | *teuer* |
| troppo karo | **troppo caro** | *zu teuer* |
| | | |
| ottomila | **ottomila** | *achttausend* |
| träntamila | **trentamila** | *dreißigtausend* |

## Strand

Die meisten Badestrände sind in Italien in kleine Parzellen aufgeteilt, die Privatpersonen gehören. Der Tourist muß Eintritt bezahlen und kann Kabinen und Duschen benutzen.

# 8 Am Strand

__ _____.
Ein Tretboot.

_____ _____
Wieviel kostet es
_'___?
pro Stunde?

_____ ____.
8000 Lire.

_ _____ ____.
Das ist zu teuer.

# 8 Am Strand

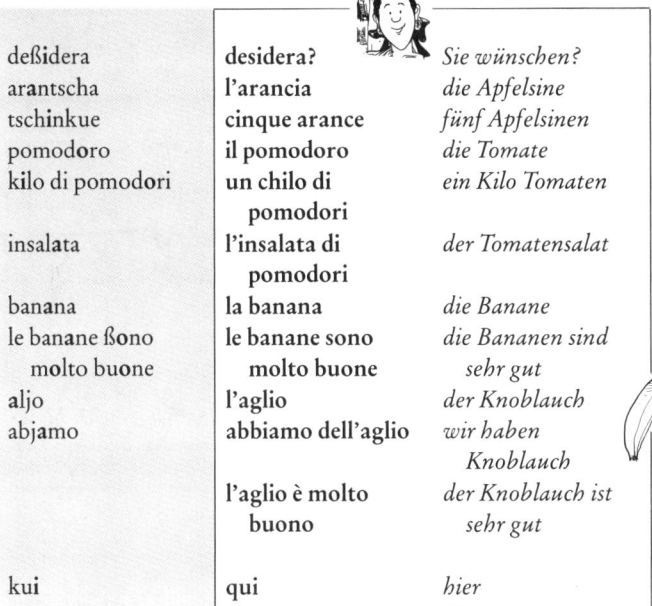

| | | |
|---|---|---|
| deßidera | desidera? | *Sie wünschen?* |
| arantscha | l'arancia | *die Apfelsine* |
| tschinkue | cinque arance | *fünf Apfelsinen* |
| pomodoro | il pomodoro | *die Tomate* |
| kilo di pomodori | un chilo di pomodori | *ein Kilo Tomaten* |
| insalata | l'insalata di pomodori | *der Tomatensalat* |
| banana | la banana | *die Banane* |
| le banane ßono molto buone | le banane sono molto buone | *die Bananen sind sehr gut* |
| aljo | l'aglio | *der Knoblauch* |
| abjamo | abbiamo dell'aglio | *wir haben Knoblauch* |
| | l'aglio è molto buono | *der Knoblauch ist sehr gut* |
| kui | qui | *hier* |
| per | per | *für, nach* |

## Geschäftszeiten

Sie sind im allgemeinen von 8.30 oder 9.00 bis 13.00 und von 16.30 bis 19.30 oder 20.00 Uhr.

Generell gilt die landesübliche Mittagspause (**siesta**) von 3 bis 4 Stunden.

## Mengenangaben

Kleinere Mengen werden in **etto** (= 100 Gramm) angegeben, größere Mengen in **chilo**.

# 9 Obst

___ _____ ____'_____.
Hier haben wir Knoblauch.

__, __!
Nein, nein!

__!
Doch!

_,_____ _ _____ _____
Der Knoblauch ist sehr gut

___ _ _____ __
_____.
für den Tomatensalat.

RISTORANTE

Ich werde für morgen abend einen Tisch bestellen.

| | | |
|---|---|---|
| pronto | **pronto** | *hallo (am Telefon)* |
| parlo | **parlo** | *ich spreche* |
| kon ki parlo | **con chi parlo?** | *mit wem spreche ich?* |
| nome | **il nome** | *der Name* |
| | **il mio nome** | *mein Name* |
| | **il suo nome** | *Ihr Name* |
| tawola | **la tavola** | *der Tisch* |
| per due persone | **una tavola per due persone** | *ein Tisch für zwei Personen* |
| riserware | **riservare** | *vorbestellen, reservieren* |
| domani | **domani** | *morgen* |
| per domani ßera | **per domani sera** | *für morgen abend* |

## Telefonmünzen

Zum Telefonieren benötigen Sie in Italien Telefonmünzen (**gettoni**), die Sie im Postamt, aus Automaten oder in Gaststätten bekommen.

## Telefonieren

nach Hause. Vorwahl der Bundesrepublik Deutschland: 0049; von Österreich: 0043; der Schweiz: 0041. – Sie nehmen den Hörer ab und werfen mindestens 4 Telefonmünzen ein. Sie warten den Wählton ab und wählen z. B. nach Deutschland 0049 (Vorwahl von Deutschland), die deutsche Vorwahl (ohne die 0) und die gewünschte Telefonnummer. – Ein kurzes Signal zeigt Ihnen an, daß Sie weitere Telefonmünzen einwerfen müssen.

# 10 Bestellung

→
4 Tageszeit
6 Möbelstück
7 Morgen
8 Name

↓ 1 Vorbestellen
2 Hallo
3 Einzelwesen
5 Ich spreche

# 11 Im Restaurant
## Al ristorante

| | | |
|---|---|---|
| karne | la carne | *das Fleisch* |
| pesche | il pesce | *der Fisch* |
| pollo arrosto | il pollo arrosto | *das Brathähnchen* |
| | due polli arrosti | *zwei Brathähnchen* |
| pittsa | la pizza | *die Pizza* |
| menu del d*sch*orno | il menù del giorno | *das Tagesmenü* |
| | | |
| tsuppa | la zuppa | *die Suppe* |
| tsuppa di pesche | una zuppa di pesce | *die Fischsuppe* |
| minästra | la minestra | *die Gemüsesuppe* |
| | due minestre | *zwei Gemüsesuppen* |
| | | |
| tutto | tutto | *alles* |
| buon appetito | buon appetito | *guten Appetit* |
| | | |
| konto | il conto | *die Rechnung* |

## Essenszeiten

Sie sind mittags von 12–15 Uhr und abends erst ab 20 Uhr.

## Pane et coperto

In italienischen Restaurants wird immer ein Preis für das Gedeck und das Weißbrot berechnet.

## Quittung

Gastwirte sind verpflichtet, eine Quittung (**ricevuta fiscale**) auszustellen. Bewahren Sie diese Quittung auf, weil sie eventuell von der Steuerfahndung kontrolliert werden kann.

## Trinkgeld

Wenn das Trinkgeld nicht im Preis inbegriffen ist (**servizio non compreso**), sollte mindestens 10% der Rechnungssumme gegeben werden.

## Parmesankäse (parmigiano)

Geriebener Käse wird Ihnen zu jeder Suppe, zu Nudeln usw. gereicht, aber nicht extra berechnet.

# 11 Im Restaurant

# 11 Im Restaurant

→
1 Fleisch
2 Hähnchen
4 Alles
8 Fisch
9 Teig mit Belag

↓ 1 Rechnung
3 Suppe
5 Lust zu essen
6 Speisefolge
7 Gemüsesuppe

| | | |
|---|---|---|
| ke bewete | **che bevete?** | *was trinken Sie?* |
| akua minerale | **l'acqua minerale** | *das Mineralwasser* |
| kapputschino | **il cappuccino** | *der Kaffee (mit auf-* |
| | | *geschäumter* |
| | | *Milch)* |
| arantschata | **l'aranciata** | *die Orangeade, der* |
| | | *Orangensaft* |
| birra | **la birra** | *das Bier* |
| wino rosso | **il vino rosso** | *der Rotwein* |
| wino italjano | **il vino italiano** | *der italienische* |
| | | *Wein* |
| skwisito | **squisito** | *vorzüglich* |

## Preis
In der Gaststätte sind die Getränke an der Theke billiger als die am Tisch servierten.

## Italienischer Wein
Siehe Seite 96.

# 12 Getränke

3 Kaffeezubereitung
4 Fruchtsaft

1 Flüssigkeit
2 Gegorener Traubensaft

# 13 Krank    Malato

| | | |
|---|---|---|
| kome sta | come sta? | *wie geht es?* |
| malato | malato, malata | *krank* |
| o | ho | *ich habe* |
| mal di tästa | mal di testa | *Kopfschmerzen* |
| mal di stomako | mal di stomaco | *Magenschmerzen* |
| fäbbre | la febbre | *das Fieber* |
| o la fäbbre | ho la febbre | *ich habe Fieber* |
| | | |
| farmatschia | una farmacia | *eine Apotheke* |
| pastilja | la pastiglia | *die Tablette* |
| worräi delle pastilje | vorrei delle pastiglie | *ich möchte Tabletten* |

Das italienische Apothekenzeichen

## Ärztliche Behandlung

Besorgen Sie sich vor der Reise einen *Auslandskrankenschein*. Er braucht den Vermerk INAM (Landeskrankenkasse). Ein Verzeichnis der deutschsprechenden Ärzte gibt es im Verkehrsbüro ENIT.

# 13 Krank

| | | |
|---|---|---|
| taßi | il tassì | das Taxi |
| kjamare | chiamare un tassì | ein Taxi rufen |
| poträbbe | potrebbe chiamare un tassì? | könnten Sie rufen ein Taxi? |
| statsjone | alla stazione | zum Bahnhof |
| aeroporto | all' aeroporto | zum Flughafen |
| otäl | all' hotel ITALIA | zum Hotel ITALIA |
| ßi fermi | si fermi | halten Sie |
| momento | un momento | einen Augenblick |
| wentimila | ventimila | zwanzigtausend |

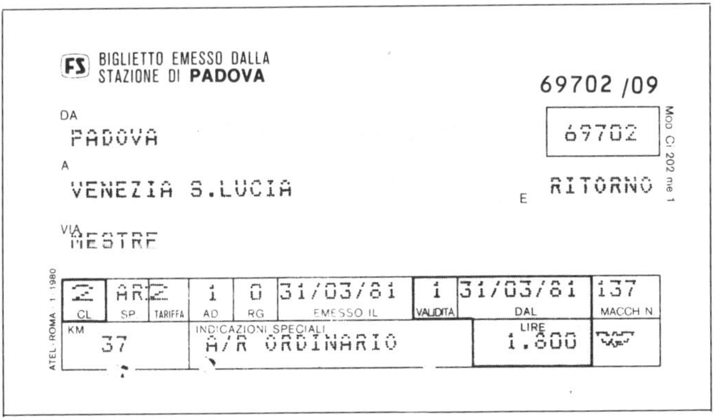

---

**FS** BIGLIETTO EMESSO DALLA STAZIONE DI **PADOVA**

69702 /09

DA
PADOVA

69702

A
VENEZIA S.LUCIA

E  RITORNO

VIA
MESTRE

| | | | | | | | | |
|---|---|---|---|---|---|---|---|---|
| 2 | AR2 | 1 | 0 | 31/03/81 | 1 | 31/03/81 | 137 | |
| CL | SP TARIFFA | AD | RG | EMESSO IL | VALIDITA | DAL | MACCH. N. | |
| KM 37 | INDICAZIONI SPECIALI A/R ORDINARIO | | | | | LIRE 1.800 | | |

# 14 Taxi

# Lösungen

## Lektion 1

Con pioggia o gelo

Super.
Quanto?
Il pieno, per favore.

**ALT**
**STAZIONE**

Buon giorno.
Ventimila lire.

Frankfurt, München, Brennero, Trento,
Verona, Bologna, Firenze, Roma

## Lektion 2

Buona sera.
Buona sera, signore.

Ha una camera libera?
Sì.
Una doppia.

Per quanto tempo?
Per cinque giorni.

72

Quanto costa la camera?
Centomila lire.
Bene.
La prendo.

| | |
|---|---|
| 5 CINQUE | 1 GIORNO |
| 6 CAMERA | 2 QUANTO |
| 7 LIRA | 3 TEMPO |
| 8 BENE | 4 SERA |

# Lektion 3

Dov'è la sala da pranzo?
A destra, signora

Buon giorno, signora.
Caffè, tè?
Caffelatte, per favore.

Ecco il caffè, i panini,
la confettura e il burro.

Un succo d'arancia?
Sì.

Lösungen

| | |
|---|---|
| 2 SUCCO | 1 BURRO |
| 5 ARANCIA | 3 CAFFÈ |
| 7 SÌ | 4 PANINO |
| 8 COLAZIONE | 6 SALA |

# Lektion 4

Vorrei una pianta della città, per favore.
Mille grazie.
Di niente!

Dov'è la galleria degli Uffizi?
Piazza della Signoria.

Lei può prendere un autobus.

Questo autobus va alla Piazza della Signoria?
Sì.

Scusi, dov'è la galleria degli Uffizi?
Non lo so.

A destra.
Grazie, signore.

Vorrei un biglietto.

| 2 | UFFIZI | 1 | MILLE |
| 3 | SCUSI | 4 | CITTÀ |
| 5 | GALLERIA | | |
| 6 | BIGLIETTO | | |
| 7 | VORREI | | |
| 8 | PIANTA | | |

# Lektion 5

Un espresso, per favore.

Fa molto caldo, oggi.

È tedesco?
Sì, sono di Francoforte.

La Germania è bella.
Anche l'Italia.

Mi piace l'Italia,
il sole, il vino, l'arte.

Una sigaretta?
Mille grazie.

# Lektion 6

Quanto costano gli occhiali da sole?
Cinquantamila lire.

Bene.
Li prendo.

Qualcosa d'altro?
No, grazie.

Dove potrei cambiare soldi?
Il »Banco di Roma« è là.

Buon giorno, signore.
Vorrei cambiare trecento marchi.

Il suo passaporto, per favore.
Sono duecentomila lire.

Grazie. Buon giorno.

7 PASSAPORTO
        1 COSA
        2 LIRA
        3 BANCO
        4 CAMBIO
        5 MONETA
        6 VORREI

# Lektion 7

Vorrei queste cartoline, per favore.
Duemila lire.

Ha anche francobolli?
No, signora,
la posta è là.

Quanto costa una cartolina per la Germania?
Trecento lire.

Cinque francobolli, per favore.

4 FRANCOBOLLO
1 CARTOLINA
2 ANCHE
3 POSTA

# Lektion 8

Un gelato, per favore.
Vaniglia? Cioccolata? Fragole?

Vaniglia, per favore.

Un pedalò.
Quanto costa l'ora?
Ottomila lire.

È troppo caro.

Vorrei un ombrellone.
Quanto costa?
Trentamila lire.

Lo prendo.

Qualcosa d'altro?
Latte solare.

1 GELATO          4 OMBRELLONE
2 SPIAGGIA        5 LATTE
3 VANIGLIA        6 CARO
6 CIOCCOLATA

# Lektion 9

Desidera?
Cinque arance.

Qualcosa d'altro?
Un chilo di pomodori.

Le banane sono molto buone.
No, grazie.

Qui abbiamo dell'aglio.
No, no!

Sì.
L'aglio è molto buono per l'insalata di pomodori.

1  AGLIO
2  BANANA
3  ARANCIA
4  POMODORO

# Lektion 10

Pronto, con chi parlo?

Vorrei riservare una tavola per due persone, per domani sera.

Bene.
Il suo nome, per favore.

Il mio nome è Schmidt.

Schmidt? È tedesca?

Sì, sono tedesca.

Buon giorno, signora.

| | |
|---|---|
| 4 SERA | 1 RISERVARE |
| 6 TAVOLA | 2 PRONTO |
| 7 DOMANI | 3 PERSONA |
| 8 NOME | 5 PARLO |

# Lektion 11

Buona sera.
Una tavola per due persone.

Desidera?
Carne, pesce, pollo arrosto, pizza,
il menù del giorno?

Due polli arrosti, per favore.

Una zuppa?
Zuppa di pesce? Minestra?

Due minestre.
È tutto?

Ecco due polli arrosti.
Buon appetito.

Il conto, per favore.

| | |
|---|---|
| 1 CARNE | 1 CONTO |
| 2 POLLO | 3 ZUPPA |
| 4 TUTTO | 5 APPETITO |
| 8 PESCE | 6 MENÙ |
| 9 PIZZA | 7 MINESTRA |

# Lektion 12

Che bevete?
Un' acqua minerale.
Un cappuccino.
Un'aranciata.

Una birra, per favore.
Un vino rosso, per favore.
Il vino rosso italiano è squsito.

3 CAPPUCCINO    1 ACQUA
4 ARANCIATA     2 VINO

# Lektion 13

Buon giorno.
Buon giorno, Gina.

Come sta?
Sono malata.
Ho mal di testa.

Dov'è una farmacia?

Ho mal di testa.

Ho mal di stomaco.
Ho la febbre.

Vorrei delle pastiglie.

2 FEBBRE        1 TESTA
3 PASTIGLIA     2 FAMARCIA
4 STOMACO
5 MALATO

# Lektion 14

Potrebbe chiamare un tassì, per favore.
Sì, signore. Un momento.

Dove?
Alla stazione, per favore.

Si fermi qui!

Quanto costa?
Ventimila lire.

| | |
|---|---|
| 2 DOVE | 1 HOTEL |
| 4 AEROPORTO | 3 TASSÌ |
| 5 STAZIONE | |
| 6 ECCO | |

# Silbenrätsel

von Seite 82/83

1. SO LE
2. BA NA NA
3. GE LA TO
4. OM BREL LO NE
5. CAF FE
6. SI GA RET TA
7. BIR RA
8. VI NO
9. PE SCE
10. TA VO LA
11. POL LO
12. PO MO DO RO
13. TE STA
14. LI RE
15. FRAN CO BOL LO
16. AU TO BUS
17. CAR TO LI NA

# Essen & Trinken

Rätsel von Seite 86

TÈ
MENÙ
VINO
ACQUA
AGLIO
BIRRA
BURRO
CAFFÈ
CARNE
PESCE
PIZZA
POLLO
SUCCO
ZUPPA
GELATO
PANINO
ARANCIA
APPETITO
ESPRESSO
INSALATA
MINESTRA
POMODORO
CAPPUCCINO
CONFETTURA

Lösungen

# Bilderrästel

von Seite 108

Der Staat des Papstes:
CITTÀ DEL VATICANO

Weltberühmtes Opernhaus in Mailand:
TEATRO ALLA SCALA

Italienischer Maler und Gelehrter:
LEONARDO DA VINCI

# Silbenrätsel

(Lösungen auf Seite 80)

Aus den Silben sind 17 italienische Wörter zu bilden und auf die
Nebenseite zu schreiben.

| AU | BA | BOL | BREL | BIR | BUS | CAF | CAR |
|----|----|-----|------|-----|-----|-----|-----|
| CO | DO | FE | FRAN | GA | GE | LA | LA |
| LE | LI | | | | | LI | LO |
| LO | LO | | | | | MO | NA |
| NA | NA | | | | | NE | NO |
| OM | PE | | | | | PO | POL |
| RA | RE | RET | RO | SCE | SI | SO | STA |
| TA | TA | TE | TO | TO | TO | VI | VO |

# Mini-Wörterbuch für Touristen

## Deutsch – Italienisch

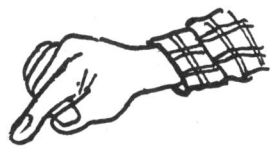

Im Notfall zeigen Sie dem Italiener das gemeinte Wort.

**A**

| | |
|---|---|
| Abend | sera |
| Abendessen | cena |
| Abfahrt | partenze |
| Abflüge | partenze |
| Abschlepp-dienst | soccorso stradale |
| Achtung | attenzione |
| Adresse | indirizzo |
| Allee | viale |
| alles | tutto |
| Ampel | semaforo |
| Angebot | offerta |
| angeln | pescare |
| Ankunft | arrivi |
| Anlasser | motorino d'avviamento |
| Anlegestelle | imbarco |
| anmachen (Licht) | accendere |
| anrufen | chiamare |

| | |
|---|---|
| Anzeige (bei Polizei) | denuncia |
| Apfel | mela |
| Apfelkuchen | torta di mele |
| Apfelsaft | succo di mele |
| Apfelsine | arancia |
| Apotheke | farmacia |
| Appetit | appetito |
| Ärmel | manica |
| Artischocke | carciofo |
| Arzt | medico |
| ärztlicher Notdienst | pronto soccorso |
| Aschenbecher | portacenere |
| Aubergine | melanzana |
| Auf Wiedersehen | arrivederci, addio |
| Augenblick | momento |
| Ausfahrt | uscita |
| Ausflug | escursione, gita |

85

# Essen & Trinken

(Lösungen auf Seite 81)

24 italienische Wörter aus dem Bereich Essen & Trinken sind in dem Diagramm untergebracht. Die Wörter können waagerecht und senkrecht gefunden werden.

```
MINESTRAGVM
VCPIZZAREEE
ZAVINOGALSN
OPESCELNAPU
IPOLLOICTRA
SUCCOTOIOEP
ACQUAEVACSP
ECAFFERIASE
BIRRABURROT
INSALATANEI
POMODOROELT
ZUPPAPANINO
```

| | |
|---|---|
| *Ausgang* | uscita |
| *Auskunft* | informazione |
| *ausländisch* | estero |
| *Ausstellung* | esposizione |
| *Auto* | macchina |
| *Autobahn* | autostrada |
| *Autobahn-gebühr* | pedaggio |
| *Autobus* | autobus |
| *Autoverleih* | autonoleggio |

**B**

| | |
|---|---|
| *Bäckerei* | panetteria |
| *Bad* | bagno |
| *Badeanzug* | costume da bagno |
| *Badehose* | calzoncini da bagno |
| *Bahnhof* | stazione |
| *Bank (Geld)* | banca |
| *Basilika* | basilica |
| *Batterie* | pila, batteria |
| *Bedienung* | servizio |
| *Beilagen* | contorni |
| *Bekleidung* | abbigliamento |
| *Benzin* | benzina |
| *Benzin-gutschein* | buono per benzina |
| *Berg* | monte |
| *Bergsteigen* | alpinismo |
| *besetzt* | occupato |
| *besichtigen* | visitare |
| *Bett* | letto |
| *bewacht* | custodito |
| *Bewölkung* | nuvolosità |
| *bezahlen* | pagare |
| *Bezahlung* | pagamento |
| *Bier* | birra |
| *Bikini* | bikini |
| *billig* | a buon prezzo |
| *Birne* | pera |

| | |
|---|---|
| *bißchen, ein ~* | un po' |
| *bitte* | per favore, prego |
| *blau* | blu |
| *bleifreies Benzin* | benzina senza piombo (benzina verde) |
| *Blitzlicht* | flash |
| *Blumenkohl* | cavolfiore |
| *Bluse* | camicetta |
| *Bogen* | arco |
| *Bohnen* | fagioli |
| *Boot* | barca |
| *Bootsverleih* | noleggio barche |
| *Botschaft* | ambasciata |
| *Branntwein* | grappa |
| *Braten* | arrosto |
| *braun* | marrone |
| *Bremse* | freno |
| *Brief* | lettera |
| *Briefkasten* | buca delle lettere |
| *Briefmarke* | francobollo |
| *Brieftasche* | portafoglio |
| *Brille* | occhiali |
| *Brot* | pane |
| *Brötchen* | panino |
| *Brücke* | ponte |
| *Brühe* | brodo |
| *Brunnen* | fontana |
| *Burg* | castello |
| *Butter* | burro |

**C**

| | |
|---|---|
| *Café* | pasticceria |
| *Cafeteria* | caffè |
| *Campingplatz* | campeggio |
| *Chicorée* | cicoria |

**D**

| | |
|---|---|
| *Dame* | signora, donna |
| *Damenbinden* | assorbenti |

# Rezept

für heiße Tage

## Macedonia                               *Obstsalat*

| | |
|---|---|
| *250 g Weintrauben (blaue)* | Waschen, halbieren, entkernen. |
| *2 Pfirsiche* | Enthäuten, entsteinen, in Scheiben schneiden. Zu den Weintrauben geben. |
| *250 g Kirschen* | Entkernen. Zum Obstsalat geben. |
| *2 Zitronen* *4 EL Puderzucker* *1 EL Vanillezucker* *4 EL Maraschino oder Kirschlikör* | Den Saft der Zitronen mit dem Puderzucker, dem Vanillezucker und dem Maraschino vermischen. Über den Obstsalat geben und umrühren. Den Obstsalat in den Kühlschrank stellen. |
| *Schlagsahne* | Der Obstsalat kann mit Schlagsahne serviert werden. |

| | |
|---|---|
| *Damenfriseur* | parrucchiere |
| *danke* | grazie |
| *das* | questo |
| *Deck* | ponte |
| *Decke (Bett)* | coperta |
| *defekt* | difettoso |
| *der, die* | il, la |
| *deutsch* | tedesco |
| *Deutsche* | tedesca |
| *Deutschland* | Germania |
| *Devisen* | valuta |
| *Dia* | diapositiva |
| *Diebstahl* | furto |
| *Dienstag* | martedì |
| *Diesel* | gasolio |
| *dieser* | questo |
| *Dolmetscher* | interprete |
| *Dom* | duomo |
| *Donnerstag* | giovedì |
| *Doppelbett* | letto matrimoniale |
| *Doppelzimmer* | doppia |
| *Dosenöffner* | apriscatole |
| *Draht* | filo |
| *drücken* | spingere |
| *Dunst* | foschia |
| *Dusche* | doccia |
| *D-Zug* | direttissimo |

**E**

| | |
|---|---|
| *Ei* | uovo |
| *Eilzug* | (treno) diretto |
| *ein, eine* | un, una |
| *Einbahnstraße* | senso unico |
| *Eingang* | entrata |
| *Eintritt* | entrata, ingresso |
| *Eintrittskarte* | biglietto d'ingresso |
| *Einzelzimmer* | camera singola |
| *Eis* | gelato |

| | |
|---|---|
| *Eisbecher* | coppa |
| *Eisdiele* | gelateria |
| *Eisenbahn* | ferrovia |
| *eisgekühlt* | ghiacciato |
| *Eistorte* | cassata |
| *Entfernung* | distanza |
| *entschuldigen Sie* | scusi |
| *Erbsen* | piselli |
| *Erdbeeren* | fragole |
| *Erdgeschoß* | pianterreno |
| *Ermäßigung* | riduzione |
| *Ersatzteil* | pezzo di ricambio |
| *Erste Hilfe* | pronto soccorso |
| *Espresso* | espresso |
| *essen* | mangiare |
| *Essig* | aceto |
| *etwas* | qualcosa |
| *Eurocheque* | eurocheque |

**F**

| | |
|---|---|
| *Fähre* | traghetto |
| *fahren* | andare |
| *Fahrer* | conducente |
| *Fahrgestell-Nummer* | numero di telaio |
| *Fahrkarte* | biglietto |
| *Fahrkartenaus-gabe, -schalter* | biglietteria |
| *Fahrplan* | orario |
| *Fahrrad* | bicicletta |
| *Fahrstuhl* | ascensore |
| *Fahrzeug* | veicolo |
| *Farbe* | colore |
| *Fenchel* | finocchio |
| *Feuerlöscher* | attrezzo antincendio |
| *Feuerwehr* | pompieri |

# Rezept

## Sogliola *Seezunge*

| | |
|---|---|
| *1 Zwiebel (große)*<br>*2 EL Öl*<br>*2 EL Tomatenmark*<br>*Basilikum, Pfeffer, Salz* | Zwiebel fein hacken und in einem Topf glasig braten.<br>Zu den Zwiebeln geben. |
| *4 Zucchini (kleine)* | In dünne Scheiben schneiden. Dazugeben und 5 Minuten dünsten. (Sie dürfen nicht zu weich werden.) |
| *4 Seezungenfilets*<br>*(je 150 g)*<br>*Mehl*<br>*2 EL Öl* | Filets salzen, pfeffern und in Mehl wenden.<br>Filets goldbraun braten (5 Minuten von jeder Seite). |
| *2 EL Parmesankäse*<br>*(gerieben)* | Filets auf heiße Servierplatte legen, mit dem gedünsteten Gemüse belegen.<br>Mit Parmesan bestreuen.<br>(Eventuell noch kurz im Backofen überbacken.) |

| | | |
|---|---|---|
| *Feuerzeug* | accendino | |
| *Fieber* | febbre | |
| *Film* | pellicola | |
| *Filter* | filtro | |
| *Fisch* | pesce | |
| *fischen* | pescare | |
| *Fischgeschäft* | pescheria | |
| *Flasche* | bottiglia | |
| *Flaschenöffner* | apribottiglie | |
| *Fleisch* | carne | |
| *Flug* | volo | |
| *Flughafen* | aeroporto | |
| *Flughafen-* | tassa d'imbarco | |
| *gebühr* | | |
| *Flugzeug* | aereo | |
| *Fluß* | fiume | |
| *Forelle* | trota | |
| *Foto* | foto | |
| *Fotoapparat* | apparecchio | |
| | fotografico | |
| *fotografieren* | fotografare | |
| *französisches* | letto | |
| *Bett* | matrimoniale | |
| *Frau* | donna, signora, | |
| *(Ehe)* ~ | moglie | |
| *Fräulein* | signorina | |
| *frei* | libero | |
| *Freitag* | venerdì | |
| *Fresko* | affresco | |
| *Frucht* | frutto | |
| *Früchte der* | frutta di | |
| *Saison* | stagione | |
| *Fruchtsaft* | succo di frutta | |
| *Frühstück* | prima colazione | |
| *Frühstücks-* | sala per | |
| *raum* | colazioni | |
| *Führerschein* | patente | |
| *Führung* | visita guidata | |
| *für* | per | |

| | | **G** |
|---|---|---|
| *Gabel* | forchetta | |
| *Galerie* | galleria | |
| *Gemälde* | quadro | |
| *Gang (Essen)* | piatto | |
| *Gangschaltung* | cambio delle | |
| | marce | |
| *Garage* | garage | |
| *Gasflasche* | bombola | |
| *Gaspedal* | acceleratore | |
| *Gaststätte* | trattoria | |
| *Gebäck* | pasticcini | |
| *gebacken* | fritto | |
| *Gebirge* | montagna | |
| *gebraten* | arrosto | |
| *Gedeck* | coperto | |
| *Gefahr* | pericolo | |
| *gekochter* | prosciutto cotto | |
| *Schinken* | | |
| *gelb* | giallo | |
| *Geld* | denaro | |
| *Geldschein* | banconota | |
| *Geldwechsel* | cambio | |
| *Gemälde* | quadro | |
| *Gemeinde* | comune | |
| *gemischt* | misto | |
| *Gemüse* | verdura | |
| *Gemüsesuppe* | minestra | |
| *geöffnet* | aperto | |
| *Gepäck* | bagagli | |
| *Gepäck-* | consegna | |
| *ausgabe* | bagagli | |
| *geradeaus* | sempre diritto | |
| *gerieben* | grattugiato | |
| *Geschäft* | negozio | |
| *geschlossen* | chiuso | |
| *geschmort* | brasato | |
| *Geschwindig-* | velocità | |
| *keit* | | |
| *gestern* | ieri | |

# Rezept
## Pizza

Pizza-Teig für ein Backblech

| | |
|---|---|
| *30 g Hefe*<br>*¼ l Wasser* | Hefe im lauwarmen Wasser auf-lösen. |
| *375 g Mehl*<br>*6 El Öl\*)*<br>*Salz* | Mit der Hefe zu einem glatten Teig verkneten.<br>20 Minuten zugedeckt gehen lassen. |
| | Teig noch einmal durchkneten und auf bemehlter Fläche ausrollen (höchstens 1 cm dick). Auf das eingefettete Backblech legen. |
| *Zutaten nach*<br>*Wunsch* | Pizza macht man aus „Teig, Liebe und Phantasie". Daher kann der Pizzabelag sehr indivi-duell sein:<br>– Tomaten, Zwiebeln, Pilze, Oliven,<br>– Schinken (gekocht, geräuchert),<br>– Salami, gekochte Eier, Sardellen<br>– Käse, Parmesan, Mozzarella . . .<br>Das typische Pizza-Gewürz ist Oregano. |
| | Bei stärkster Hitze etwa 20 Minuten im Backofen backen. |
| | Pizza warm servieren. |

\*) Öl macht den Pizza-Teig knusprig!

| | |
|---|---|
| *Getränke (alkohol-freie)* ~ | bevande |
| | bibita |
| *Gewicht* | peso |
| *Gewitter* | temporale |
| *Glas (Trink)* ~ | bicchiere |
| *Gleis* | binario |
| *Golf* | golfo |
| *Gondel* | gondola |
| *Grad* | grado |
| *Gramm* | grammo |
| *Grapefruit* | pompelmo |
| *grau* | grigio |
| *Grenze* | frontiera |
| *Größe* | taglia, misura |
| *Grotte* | grotta |
| *grün* | verde |
| *grüne Bohnen* | fagiolini |
| *grüner Salat* | insalata verde |
| *grüne Versicherungskarte* | carta verde |
| *Gulasch* | spezzatino |
| *Gurke* | cetrioli |
| *Gürtel* | cintura |
| *gut* | buono, bene |
| *guten Abend* | buona sera |
| *guten Appetit* | buon appetito |
| *guten Tag* | buon giorno |

**H** 
| | |
|---|---|
| *Hafen* | porto |
| *Hähnchen* | pollo |
| *halb* | mezzo |
| *halbe Flasche* | mezza bottiglia |
| *halbe Stunde* | mezz'ora |
| *Halbpension* | mezza pensione |
| *halt* | alt |
| *Haltestelle* | fermata |
| *Halteverbot* | divieto di sosta |
| *Hammer* | martello |

| | |
|---|---|
| *Handtasche* | borsetta |
| *Handtuch* | asciugamano |
| *Hauptbahnhof* | stazione centrale |
| *Haus* | casa |
| *Hemd* | camicia |
| *Herr* | signore |
| *Herrenfriseur* | barbiere |
| *Herzanfall* | attacco cardiaco |
| *heute* | oggi |
| *hier* | qui |
| *hier ist* | ecco |
| *Hilfe* | aiuto |
| *Himmel* | cielo |
| *hin und zurück* | andata e ritorno |
| *Hoch* | alta pressione |
| *Höchstge-schwindig-keit* | velocità massima |
| *Honig* | miele |
| *Hörnchen* | brioche |
| *Hose* | pantaloni, calzoni |
| *Hotel* | hotel, albergo |
| *Huhn* | pollo |
| *Hut* | cappello |

**I**
| | |
|---|---|
| *ich möchte* | vorrei |
| *Ihr* | suo |
| *Illustrierte* | rivista |
| *Imbißstube* | tavola calda |
| *immer* | sempre |
| *Information* | informazioni |
| *Innenstadt* | centro città |
| *in Ordnung* | va bene |
| *Insel* | isola |
| *Italien* | Italia |
| *Italiener* | italiano |
| *italienisch* | italiano |

# Pizza-Beläge

## Pizza Margherita

| | |
|---|---|
| *Oregano* | Auf den Pizza-Teig streuen. |
| *500 g Tomaten* | In Scheiben schneiden, |
| *2 Zwiebeln* | auf dem Teig verteilen, |
| *200 g Mozzarella* | Mozzarella als oberste Schicht. |
| *Pfeffer, Salz* | |

Sie können diese billigste Pizza-Art verbessern, wenn Sie zusätzlich noch Salami-Scheiben auf der Pizza verteilen.

## Pizza Napoletana

| | |
|---|---|
| *Oregano* | Auf den Pizza-Teig streuen. |
| *800 g Tomaten* | In Scheiben schneiden und auf dem |
| *150 g Mozzarella* | Teig verteilen. |
| *10 Sardellenfilets* | Auf der Pizza verteilen. |
| *Pfeffer, Salz* | |

## Pizza quattro stagioni *Pizza »Vier Jahreszeiten«*

| | |
|---|---|
| *Oregano* | Auf den Pizza-Teig streuen. |
| *100 g Champignons* | Für das 1. Viertel des Runds: In Butter 15 Minuten anbraten. |
| *50 g gek. Schinken* | Für das 2. Viertel: Kleinschneiden. |
| *8 schwarze Oliven* | Für das 3. Viertel: Auflegen. |
| *2 Artischocken (Glas)* *100 g Mozzarella* | Für das 4. Viertel: Verteilen. Die Grenzen zwischen den Vierteln damit füllen. |

**J**

| | |
|---|---|
| *ja* | sì |
| *Jacke* | giacca |
| *Jäger* | cacciatore |
| *Jägerschnitzel* | scaloppa alla cacciatora |
| *Jahr* | anno |
| *Jugend- herberge* | ostello della gioventù |
| *Juli* | luglio |

**K**

| | |
|---|---|
| *Kabeljau* | merluzzo |
| *Kaffee* | caffè, cappuccino |
| *Kalb* | vitello |
| *Kalbsbraten* | vitello arrosto |
| *Kalbshaxe* | ossobuco |
| *Kalbsschnitzel* | saltimbocca |
| *kalt* | freddo |
| *Kaninchen* | coniglio |
| *Karaffe* | caraffa |
| *Karotten* | carote |
| *Kartoffeln* | patate |
| *Käse* | formaggio |
| *Kasse* | cassa |
| *kaufen* | comprare |
| *Kaufhaus* | grandi magazzini |
| *Keilriemen* | cinghia |
| *Keks* | biscotti |
| *Kellner* | cameriere |
| *Kilo* | chilo |
| *Kilometer* | chilometro |
| *Kind* | bambino |
| *Kirche* | chiesa |
| *Kirchturm* | campanile |
| *Kirsche* | ciliegia |
| *Kirschwasser* | maraschino |
| *Kissen* | cuscino |
| *Kleid* | vestito |

| | |
|---|---|
| *Kleidung* | abbigliamento |
| *klein* | piccolo |
| *Kleingeld* | spiccioli |
| *Klöße* | gnocchi |
| *koffeinfreier Kaffee* | decaffeinato |
| *Koffer* | valigia |
| *Kofferraum* | portabagagli, vano bagagli |
| *Kohl* | cavolo |
| *Kompott* | composta |
| *Konfitüre* | confettura |
| *Konsulat* | consolato |
| *Kopf* | testa |
| *Kopf- schmerzen* | mal di testa |
| *Korkenzieher* | cavatappi |
| *Kotelett* | costoletta, braciola |
| *Kotflügel* | parafango |
| *Krabben* | scampi |
| *Kraftfahrzeug- schein* | libretto della macchina |
| *krank* | malato |
| *Krankenhaus* | ospedale |
| *Kranken- wagen* | ambulanza |
| *Kuchen* | torta |
| *Kugelschreiber* | penna a sfera, biro |
| *Kühler (Auto ~)* | radiatore |
| *Kühlschrank* | frigorifero |
| *Kunst* | arte |
| *Kunstwerk* | opera d'arte |
| *Kupplung* | frizione |
| *Kurve* | curva |
| *kurz* | corto |
| *Kurzschluß* | corto circuito |
| *Küste* | costa |

95

# BARBERA D'ASTI

DENOMINAZIONE DI ORIGINE CONTROLLATA

75cl. e ☐ **1983** ☐ BOTTIGLIA NUMERATA № 102647

IMBOTTIGLIATO DA:
AZIENDA VINICOLA ALBESE - PRIOCCA D'ALBA
ITALIEN

| Die meisten **Qualitätsweine** werden in folgenden Regionen produziert: | *Berühmte Marken:* |
|---|---|
| *Toskana* | Chianti, chianti classico... |
| *Piemont* | Barbera, Barolo, Barbaresco... |
| *Emilia-Romagna* | Lambrusco... |
| *Südtirol-Trentino* | Casteller, Kalterer See... |
| *Lazio (Rom)* | Frascati... |
| *Sizilien* | Marsala... |

## Melini®
### Chianti Classico
DENOMINAZIONE DI ORIGINE CONTROLLATA E GARANTITA

0,750 ℓ e  IMBOTTIGLIATO NELLE PROPRIE CANTINE DI GAGGIANO DA
**MELINI S.p.A.** - POGGIBONSI  12%VOL.
ITALIA

**L** | |
| --- | --- |
| *Lamm* | agnello |
| *Landkarte* | carta |
| *Landwein* | vino nostrano |
| *lang* | lungo |
| *langsam* | lento |
| *langsamer werden* | rallentare |
| *Lebensmittel* | alimentari |
| *Leber* | fegato |
| *leer (Batterie)* | scarica |
| *Lenkrad* | volante |
| *Lichtmaschine* | dinamo |
| *Liegestuhl* | sedia a sdraio |
| *Liegewagen* | carrozza cuccette |
| *Likör* | liquore |
| *Limonade* | limonata |
| *links* | a sinistra |
| *Liter* | litro |
| *Lkw* | autocarro |
| *Löffel* | cucchiaio |
| *Luftfilter* | filtro dell'aria |

**M** | |
| --- | --- |
| *Magen* | stomaco |
| *Magenbitter* | amaro |
| *Magen- schmerzen* | mal di stomaco |
| *Magenver- stimmung* | indigestione |
| *Maisbrei* | polenta |
| *Mann* | uomo, |
| *(Ehe ~)* | marito |
| *Mark* | marco |
| *Markt* | mercato |
| *Marmelade* | marmellata |
| *Mautstelle* | stazione pedaggio |
| *Meer* | mare |
| *Meeresfrüchte* | frutti di mare |

| | |
| --- | --- |
| *Mehrwert- steuer* | IVA = imposta sul valore aggiunto |
| *mein* | mio |
| *Melone* | melone |
| *Messer* | coltello |
| *Meter* | metro |
| *Metzgerei* | macelleria |
| *Mietwagen- firma* | autonoleggio |
| *Milch* | latte |
| *Milchkaffee* | caffelatte |
| *Milchshake* | frullato |
| *Mineralwasser* | acqua minerale |
| *Minute* | minuto |
| *mit* | con |
| *Mittag* | mezzogiorno |
| *Mittagessen* | pranzo |
| *Mittwoch* | mercoledì |
| *Monat* | mese |
| *Montag* | lunedì |
| *Moped* | ciclomotore |
| *Morgen* | mattina |
| *morgen* | domani |
| *Motel* | motel |
| *Motor* | motore |
| *Motorboot* | motoscafo |
| *Motoröl* | olio motore |
| *Motorrad* | motocicletta |
| *Motorroller* | motorino |
| *Mücke* | zanzara |
| *Muscheln* | cozze |
| *Museum* | museo |

**N** | |
| --- | --- |
| *nach* | per |
| *Nachmittag* | pomeriggio |
| *Nacht* | notte |
| *Nachtisch* | dessert |
| *Nahverkehrs- zug* | treno locale |

# Spaghetti

Grundrezept für 4 Personen

| | |
|---|---|
| *4 l Wasser*<br>*1 EL Öl*<br>*Salz* | Wasser zum Kochen bringen. |
| *500 g Spaghetti* | Ins kochende Wasser geben.<br>Etwa 10 Minuten kochen.<br>(4 Minuten im Schnell-Kochtopf.)<br><br>Abgießen, abtropfen lassen. |
| | Mit Soße übergießen.<br><br>**Soßen** siehe Seiten 100 und 102. |
| *Parmesankäse*<br>*(gerieben)* | Mit Parmesankäse bestreuen. |

Spaghetti, wie auch alle anderen Nudeln, dürfen nicht zu weich gekocht werden! Sie sollen **»al dente«** sein, das heißt »gut zu beißen« – gar, aber fest.

| | | | |
|---|---|---|---|
| *Name* | nome | *Österreicherin* | austriaca |
| *Nebel* | nebbia | *österreichisch* | austriaco |
| *nein* | no | | |
| *nett* | gentile | *Palast* | palazzo **P** |
| *nicht* | non | *Panne* | guasto |
| *nichts* | nulla, niente | *Pannenhilfe* | soccorso stradale |
| *Norden* | nord | *Paprika* | peperone |
| *normal* | normale | *Parkplatz* | parcheggio |
| *Normalbenzin* | benzina normale | *Parkscheibe* | disco orario |
| | | *Parmesankäse* | parmigiano |
| *Notarzt* | medico del pronto soccorso | *Paß (Gebirge)* | passo |
| | | *Paßkontrolle* | controllo passaporti |
| *Nudeln* | pasta | *Pension* | pensione |
| *Nummer* | numero | *Person* | persona |
| *Nummern-schild* | targa d'immatri-colzione | *Pfeffer* | pepe |
| | | *Pfirsich* | pesca |
| | | *Pflaster* | cerotto |
| *Nuß* | noce | *Pilze* | funghi |
| | | *Pistazie* | pistacchio |
| | | *Platz* | piazza, piazzale |
| **O** *Ober* | cameriere | | |
| *Obst* | frutta | *Polizei* | polizia, carabinieri |
| *Obstsalat* | macedonia | | |
| *Öffnungs-zeiten* | orario | *Polizei-präsidium* | questura |
| *ohne* | senza | *Pommes frites* | patate fritte |
| *Öl* | olio | *Post* | posta |
| *Olive* | oliva | *Postkarte* | cartolina |
| *Ölpumpe* | pompa dell'olio | *Postleitzahl* | codice di avviamento postale |
| *Ölstand* | livello dell'olio | | |
| *Ölwechsel* | cambio dell'olio | | |
| | | *Preis* | prezzo |
| *Omelett* | omelette | *Preisliste* | lista dei prezzi |
| *Oper* | opera | *Privatstrand* | spiaggia privata |
| *Orangensaft* | succo d'arancia | *Prospekt* | opuscolo |
| *Osten* | est | *Pullover* | pullover |
| *Österreich* | Austria | | |
| *Österreicher* | austriaco | *Quittung* | ricevuta **Q** |

# Spaghetti-Soßen

## Spaghetti carbonara *(nach Köhlerin Art)*

| | |
|---|---|
| *250 g durchwachsener Speck* | Fein würfeln, in einer Pfanne ausbraten. |
| *3 Eier*<br>*3 EL Sahne*<br>*Muskat*<br>*Pfeffer, Salz* | In einem Topf gut vermischen. |
| | Gekochte Spaghetti mit dem Speck vermischen.<br>Dann die Eier-Soße dazugeben.<br>(Nicht mehr kochen, weil die Soße sonst flockig wird.) |

| **R** Rad | ruota |
| --- | --- |
| Rasierapparat | rasoio |
| Raststätte | area di servizio |
| Rechnung | conto |
| rechts | a destra |
| Rechtsanwalt | avvocato |
| Regen | pioggia |
| Regenschirm | ombrello |
| Reifen | gomma |
| Reifendruck | pressione delle gomme |
| Reifenwechsel | cambio di gomma |
| Reis | riso |
| Reise | viaggio |
| Reisebüro | agenzia di viaggi |
| Reisebus | pullman |
| Reiseführer | guida |
| Reisepaß | passaporto |
| Reisgericht | risotto |
| reparieren | riparare |
| Reserverad | ruota di scorta |
| Reservierung | prenotazione |
| Restaurant | ristorante |
| Richtung | direzione |
| Rind | manzo |
| Rock | gonna |
| roher Schinken | prosciutto crudo |
| Rosé | rosato |
| rot | rosso |
| Rotwein | vino rosso |
| ruhig | calmo |
| Rundfahrt | giro |
| **S** Saft | succo |
| (~ frisch-geprcßt) | spremuta |

| Sahne | panna |
| --- | --- |
| Saison | stagione |
| Salami | salame |
| Salat | insalata |
| Salbe | pomata |
| Salz | sale |
| Samstag | sabato |
| Sardinen | sardine |
| Säule | colonna |
| Schachtel | scatola, pacchetto |
| Schaden | danno |
| Scheck | assegno |
| Scheckkarte | carta assegni |
| Scheibe | fetta |
| Scheiben-wischer | tergicristallo |
| Scheinwerfer | faro |
| Schere | forbici |
| Schiff | nave |
| Schilling | scellini |
| Schinken | prosciutto |
| Schirm | ombrello |
| Schlachterei | macelleria |
| schlafen | dormire |
| Schlaftabletten | sonniferi |
| Schlafwagen | carrozza letti |
| Schlauchboot | canotto pneumatico |
| schlecht | brutto, male |
| schlimm | grave |
| Schlüssel | chiave |
| Schmorbraten | brasato |
| Schnaps | grappa |
| Schnee | neve |
| Schneekette | catena da neve |
| schnell | veloce, presto, subito |
| Schnellzug | (treno) rapido |

# Spaghetti-Soßen

## Spaghetti alla bolognese

*(nach Bologneser Art)*

| | |
|---|---|
| *1 Tasse Instant-Brühe*<br>*1 Tasse Rotwein* | Im Kochtopf erhitzen. |
| *1 Karotte*<br>*150 g Sellerie*<br>*2 Zwiebeln*<br>*2 EL Tomatenmark*<br>*Thymian*<br>*Rosmarin* | Gemüse kleinschneiden.<br>Alles in die Brühe geben. |
| *50 g Räucherspeck* | Kleinschneiden, ausbraten und in die Brühe geben. |
| *300 g Gehacktes* | Anbraten und in die Brühe geben. |
| *Soßenfix* | Alles etwa 1 Stunde schmoren lassen (Topf nicht zudecken!)<br>Es soll eine dickflüssige Soße entstehen. (Eventuell mit Soßenfix eindicken.) |
| *Salz, Pfeffer* | Mit Salz und Pfeffer abschmecken. |

| | |
|---|---|
| *Schnitzel* | scaloppina |
| *Schokolade* | cioccolata |
| *schön* | bello |
| *Schrauben-schlüssel* | chiave inglese |
| *Schrauben-zieher* | cacciavite |
| *Schuhe* | scarpe |
| *schwarz* | nero |
| *Schwein* | maiale |
| *Schweiz* | Svizzera |
| *Schweizer* | svizzero |
| *Schwimmbad* | piscina |
| *schwimmen* | nuotare |
| *See (Binnen ~)* | lago |
| *Seezunge* | sogliola |
| *sehr* | molto |
| *Seife* | sapone |
| *Sekt* | spumante |
| *Senf* | mostarda |
| *Serviette* | tovagliolo |
| *Sicherheitsgurt* | cintura di sicurezza |
| *Sicherung* | fusibile |
| *Sie* | Lei |
| *Sitzplatz* | posto |
| *Socken* | calzini |
| *Sonderangebot* | offerta speciale |
| *Sonne* | sole |
| *Sonnenbrand* | scottatura solare |
| *Sonnenbrille* | occhiali da sole |
| *Sonnencreme* | crema solare |
| *Sonnenmilch* | latte solare |
| *Sonntag* | domenica |
| *Soße* | salsa |
| *Spargel* | asparagi |
| *Speck* | lardo |
| *Speisekarte* | carta |
| *Speisesaal* | sala da pranzo |
| *Speisewagen* | carrozza ristorante |
| *Spezialität des Hauses* | specialità della casa |
| *Spiegel* | specchio |
| *Spinat* | spinaci |
| *Staatsan-gehörigkeit* | nazionalità |
| *Stadt* | città |
| *Stadtmitte* | centro città |
| *Stadtplan* | pianta della città |
| *Stadtrundfahrt* | giro della città |
| *Standplatz (Camping)* | posto |
| *stark* | forte |
| *Statue* | statua |
| *Steak* | bistecca |
| *stehlen* | rubare |
| *Stockwerk* | piano |
| *Stoßdämpfer* | ammortizzatore |
| *Strand* | spiaggia |
| *Straße* | via |
| *Straßen-benutzungs-gebühren* | pedaggio |
| *Streichhölzer* | fiammiferi |
| *Strickjacke* | giacca di lana |
| *Strickwaren* | maglieria |
| *Strümpfe* | calze |
| *Strumpfhose* | collant |
| *Stück* | pezzo |
| *Stuhl* | sedia |
| *Stunde* | ora |
| *Süden* | sud |
| *Super* | super |
| *Supermarkt* | supermercato |
| *Suppe* | zuppa, minestra |
| *süß* | dolce |

# Berühmte italienische Käsesorten

| Name: | Verwendung: |
|---|---|
| **Parmesan-Käse (Parmigiano)** Hartkäse, starker Geschmack. Mehrere Monate haltbar. Reiben können Sie auch: **Asiago, Pecorino** | Parmesan-Käse wird gerieben und über Nudeln und Reisgerichte gestreut. Auch für Soßen geeignet. |
| **Bel Paese** Halbfester Schnittkäse aus Kuhmilch. Schmeckt etwas säuerlich. 1–2 Wochen haltbar. | Geeignet für Pizza, zum Überbacken. |
| **Gorgonzola** Blauschimmelkäse. Schmeckt süßlich/pikant. 1 Woche haltbar. | Zerkrümelt für Soßen und gemischten Salat. |
| **Mozzarella** Weißer Frischkäse, feucht, tropfend. Mozzarella schmilzt leicht. Schmeckt zart süßlich/sauer. In Salzlake 1–2 Wochen haltbar. | Geeignet für Pizza und gemischten Salat. |

| | | | |
|---|---|---|---|
| *Swimming-pool* | piscina | *Tourist* | turista |
| | | *Tragflügelboot* | aliscafo |
| | | *Traubensaft'* | succo d'uva |
| | | *Treppe* | scala |
| **T** *Tabakladen* | tabaccheria | *Tretboot* | pedalò |
| *Tablette* | pastiglia | *trinken* | bere |
| *Tag* | giorno | *Trinkgeld* | mancia |
| *Tagesgericht* | piatto del giorno | *tschüß* | ciao |
| | | *Tunnel* | galleria |
| *Tal* | valle | *Turm* | torre |
| *Tankstelle* | stazione di servizio | | |
| *Taschentuch* | fazzoletto | *übermorgen* | dopodomani **U** |
| *Tasse* | tazza | *Uhr* | orologio |
| *Taxi* | tassì | *Umleitung* | deviazione |
| *Tee* | tè | *umtauschen* | cambiare |
| *Telefon* | telefono | *und* | e |
| *Telefonbuch* | elenco telefonico | *Unfall* | incidente |
| | | *unschuldig* | innocente |
| *Telefonmünze* | gettone | *Unterschrift* | firma |
| *Telegramm* | telegramma | | |
| *Teller* | piatto | | |
| *Tempel* | tempio | *Vanilleeis* | gelato alla vaniglia **V** |
| *Tennis* | tennis | | |
| *Tennisplatz* | campo di tennis | *verboten* | vietato |
| *Terrasse* | terrazza | *Vergaser* | carburatore |
| *teuer* | caro | *Verkehrs- verein* | azienda di soggiorno |
| *Theater* | teatro | | |
| *Thunfisch* | tonno | *verletzt* | ferito |
| *Tief* | bassa pressione | *verlieren* | perdere |
| *Tintenfisch* | calamaro | *Versicherung* | assicurazione |
| *Tisch* | tavola | *Verspätung* | ritardo |
| *Tischwein* | vino da tavola | *Vertrags- werkstatt* | concessionario |
| *Toast* | toast | | |
| *Toilette* | gabinetto, toilette | *verzollen* | dichiarare |
| | | *viel* | molto |
| *Tomate* | pomodoro | *viertel* | quarto |
| *Tomatensaft* | succo di pomodoro | *voll* | pieno |
| | | *Vollpension* | pensione completa |
| *Torte* | torta | | |

105

# Zahlen

| | | | |
|---|---|---|---|
| 0 | zero | 80 | ottanta |
| 1 | uno | 90 | novanta |
| 2 | due | 100 | cento |
| 3 | tre | 120 | cento venti |
| 4 | quattro | 200 | duecento |
| 5 | cinque | 300 | trecento |
| 6 | sei | 400 | quattrocento |
| 7 | sette | 500 | cinquecento |
| 8 | otto | 600 | seicento |
| 9 | nove | 700 | settecento |
| 10 | dieci | 800 | ottocento |
| 11 | undici | 900 | novecento |
| 12 | dodici | 1 000 | mille |
| 13 | tredici | 2 000 | duemila |
| 14 | quattordici | 3 000 | tremila |
| 15 | quindici | 5 000 | cinquemila |
| 16 | sedici | 10 000 | diecimila |
| 17 | diciassette | 20 000 | ventimila |
| 18 | diciotto | 50 000 | cinquantamila |
| 19 | diciannove | 100 000 | centomila |
| 20 | venti | 500 000 | cinquecentomila |
| 21 | ventuno | 1 000 000 | un milione |
| 22 | ventidue | | |
| 23 | ventitré | | |
| 28 | ventotto | | |
| 29 | ventinove | | |
| 30 | trenta | | |
| 31 | trentuno | | |
| 32 | trentadue | | |
| 33 | trentatré | | |
| 40 | quaranta | | |
| 50 | cinquanta | | |
| 60 | sessanta | | |
| 70 | settanta | | |

| | | | |
|---|---|---|---|
| *Vorfahrt* | precedenza | *Wind* | vento |
| *Vorname* | cognome | *Windschutz-* | parabrezza |
| *Vorspeise* | antipasto | *scheibe* | |
| *Vorstellung* | spettacolo | *wo* | dove |
| *Vorwahl* | prefisso | *Woche* | settimana |
| *Vulkan* | vulcano | *Wohnmobil* | autocaravan |
| | | *Wohnort* | domicilio |
| **W** *Wagenheber* | cricco | *Wohnwagen* | caravan, |
| *wandern* | camminare | | roulotte |
| *wann* | quando | *wolkig* | nuvoloso |
| *warm* | caldo | *Wolle* | lana |
| *Warndreieck* | triangolo di | *Wurst* | salame |
| | segnalazione | | |
| *was* | che cosa | *Zahnarzt* | dentista    **Z** |
| *Wasser* | acqua | *Zahnbürste* | spazzolino da |
| *Wechelkurs* | cambio | | denti |
| *wechseln* | cambiare | *Zahnpasta* | dentifricio |
| *Wein* | vino | *Zange* | tenaglie |
| *Weintrauben* | uva | *Zeitung* | giornale |
| *weiß* | bianco | *Zelt* | tenda |
| *Weißwein* | vino bianco | *Zentimeter* | centimetro |
| *weit* | lontano, | *Zeuge* | testimonio |
| | largo | *ziehen* | tirare |
| *wenig* | poco | *Zigarette* | sigaretta |
| *Werkstatt* | officina | *Zigarre* | sigaro |
| *Wermut* | vermut | *Zimmer* | camera |
| *Wertgegen-* | oggetti di valore | *Zitrone* | limone |
| *stände* | | *Zoll* | dogana |
| *Westen* | ovest | *Zucchini* | zucchini |
| *Wetter* | tempo | *Zucker* | zucchero |
| *Wetter-* | previsioni del | *Zug* | treno |
| *vorhersage* | tempo | *Zündkerze* | candela |
| *Wiener* | cotoletta alla | *Zündung* | accensione |
| *Schnitzel* | milanese | *Zusammenstoß* | urto |
| *wieviel* | quanto | *Zuschlag* | supplemento |
| *willkommen* | benvenuto | *Zwiebel* | cipolla |

# Bilderrätsel

(Lösung auf Seite 81)

Schreiben Sie die angegebenen Buchstaben der italienischen Wörter in die Kästchen.

Der Staat des Papstes:

5.6.  7.8.9.  5.  2.3.  3.6.  4.5.  1.2.  3.4.

Weltberühmtes Opernhaus in Mailand:

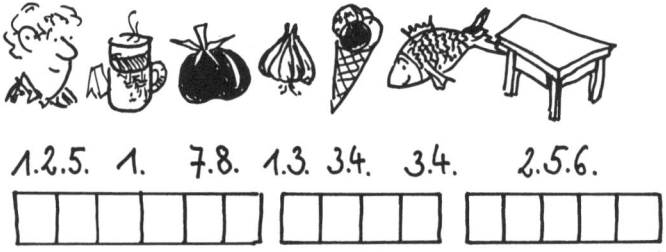

1.2.5.  1.  7.8.  1.3.  3.4.  3.4.  2.5.6.

Italienischer Künstler und Gelehrter:

4.6.9.  3.4.  3.  5.6.  1.6.  1.2.3.  5.6.

# Wichtige Adressen

## Informationen vor der Reise

Italienreisende erhalten im Staatlichen Italienischen Fremden-
verkehrsamt ENIT, Rom, Via Marghera 2, alle gewünschten Aus-
künfte.

ENIT-Büros gibt es auch in: 4000 Düsseldorf, Berliner Allee 26;
6000 Frankfurt/M., Kaiserstr. 65; 8000 München 2, Goethestr. 20;
A-1010 Wien, Kärtner Ring 4; CH-Zürich, Uraniastr. 32;
CH-1204 Genf, 3, rue du Marché.

**Italienische Kulturinstitute** gibt es in:
2000 Hamburg, Hansastr. 6; 5000 Köln, Universitätsstr. 81; 7000
Stuttgart 41, Kolbstr. 6; 8000 München 2, Hermann-Schmid-Str. 8;
8180 Wolfsburg, Porschestr. 74; A-1030 Wien, Ungarstr. 43;
A-6020 Innsbruck, Maria-Theresien-Str. 38/C.

**Botschaft der Bundesrepublik Deutschland**
(Ambasciata della Repubblica Federale di Germania):
Roma, Via Po 25 c

**Konsulate** (Consolati):
Bari, Corso Cavour 40; Cagliari, Via Copenaghen 7;
Catania, Via Pietro Verri 9; Florenz, Borgo Santi
Apostoli 22; Genua, Via San Vincenzo 4/28; Livorno,
Via San Francesco 17; Mailand, Via Solverino 40; Mes-
sina, Via San Camillo 16; Neapel, Via Crispi 69; Paler-
mo, Via Emerico Amari 124; Rimini, Piazza Cavour 8;
Triest, Via Celliri 3; Turin, Via Bruno Buozzi 6; Vene-
dig, San Marco 3700/A.

**Botschaft der Republik Österreich**
(Ambasciata dell' Austria):
Roma, Via Pergolesi 3

**Generalkonsulat**
in Mailand, Via Tranquillo Cremona 27; Triest, Via
Fabio Filzi 1
Konsulate in Bari, Florenz, Genua, Neapel, Palermo,
Taormina, Venedig.

**Botschaft der Schweiz**
(Ambasciata della Svizzera):
Roma, Via B. Oriani 61

**Konsulate**
in Catania, Florenz, Genua, Mailand, Neapel, Venedig.

**Rettungsdienst, Polizei, Feuerwehr:** Tel. 113
**Unfallhilfe des A.C.I.:** Tel. 116